DATE

DATE

DATE:

DATE:

DATE

DATE

DATE:

DATE

DATE

DATE

DATE

DATE:

DATE

DATE

DATE:

DATE

DATE:

DATE:

DATE

DATE

DATE

Date

DATE:

DATE

DATE

DATE: ____________________

DATE

DATE

DATE

DATE:

DATE

DATE

DATE

DATE

DATE

DATE

DATE

DATE

DATE:

DATE

DATE: ____________________

DATE

DATE: ____________________

DATE

DATE:

DATE

DATE

DATE

DATE:

DATE

DATE

DATE: ____________________

DATE:

NOTES

DATE

DATE:

DATE

DATE:

DATE

DATE:

DATE

DATE

DATE

DATE:

DATE

DATE

DATE

DATE:

DATE

DATE

DATE

DATE

DATE:

DATE:

DATE:

DATE

DATE:

DATE

DATE

DATE ____________________

DATE

DATE:

DATE

DATE

DATE

DATE:

DATE

DATE

DATE

DATE

DATE:

DATE